LES LOIS NOUVELLES

DE LÉGISLATION ET DE JURISPRUDENCE

... Directeur

RÉFORME

SYSTÈME FISCAL

DES SUCCESSIONS

PAR

THOUSSAT

PARIS

LES LOIS NOUVELLES

... Faubourg Montmartre

18..

LA RÉFORME

DU SYSTÈME FISCAL

DES SUCCESSIONS

EXTRAIT

DES LOIS NOUVELLES

REVUE BI-MENSUELLE DE LÉGISLATION ET DE JURISPRUDENCE

Emile Schaffhauser, *Directeur*

LA RÉFORME
DU SYSTÈME FISCAL
DES SUCCESSIONS

PAR

L. DUFOUSSAT

SÉNATEUR

PARIS

AUX BUREAUX DES LOIS NOUVELLES

61, rue du Faubourg-Montmartre

1896

La réforme du régime fiscal des successions.

Dans sa séance du 22 novembre 1894, la Chambre des députés a voté un projet qui réalise la réforme la plus considérable qui ait été introduite dans la législation de l'Enregistrement, depuis le commencement du siècle. Ce projet admet le principe de la déduction des dettes certaines dans les successions et établit un nouveau mode plus juste d'évaluation et de perception du droit de mutation par décès de l'usufruit et de la nue-propriété ; il apporte une transformation résolument démocratique dans notre système d'impôts par une graduation des droits à percevoir, non-seulement d'après le degré de parenté des héritiers et légataires, mais encore d'après l'importance de l'émolument net, recueilli par chacun.

La République se devait l'honneur d'admettre le principe de la déduction du passif, là où les précédents Gouvernements, à défaut d'arguments, n'avaient jamais opposé que de brutales fins de non-recevoir.

La non-déduction du passif dans la liquidation et le payement du droit de mutation éveille, en effet, au seul énoncé, l'idée d'une violation flagrante des règles de la justice fiscale la plus élémentaire. Le bon sens réprouve autant que l'idée d'équité, cette anomalie fiscale considérée comme inévitable, parce qu'elle était traditionnelle.

L'esprit de justice qui a présidé à la préparation du projet, s'oppose absolument à la non-distraction de toutes les dettes *certaines*. De même qu'il y a lieu de prendre des mesures pour que toutes les valeurs sans exception soient soumises à l'impôt, de même il est nécessaire d'admettre la déduction de tous les passifs certains sans exception.

L'effort du législateur doit donc porter sur deux points principaux :

1° Eviter l'admission de passifs fictifs ;

2° Obtenir la perception des droits sur toutes les valeurs actives.

Ainsi que nous venons de l'énoncer, en principe, tous les passifs, de quelque nature qu'ils soient, doivent être admis à la déduction. L'actif net seul doit supporter l'impôt. Mais il appartient au fisc de prendre toutes les précautions nécessaires, pour que l'évaluation de la richesse acquise, seule base équitable de l'impôt, ne soit pas faussée par une déclaration inexacte de ses éléments actif et passif et notamment du passif.

De là les préoccupations du législateur et les exceptions inévitables apportées dans l'application du principe de la déduction des dettes.

Nous nous proposons dans cette étude de faire la critique de certains articles de ce projet de loi, tout en indiquant les améliorations pratiques qu'il semblerait nécessaire d'y apporter.

Après ces observations, pour ainsi dire techniques, nous terminerons notre étude par les considérations générales qui militent en faveur de l'adoption, dans son ensemble, de cet important projet.

L'article 1er, § 1er, est ainsi conçu :

« Pour la liquidation et le payement des droits de mutation par « décès, seront déduites les dettes à la charge du défunt, dont « l'existence au jour de l'ouverture de la succession, sera dûment « justifiée, savoir : *pour les dettes civiles par des titres suscep-* « *tibles de faire preuve en justice contre le défunt, et pour les* « *dettes commerciales, par ses livres de commerce* ».

Cette formule n'est-elle pas trop générale et élastique et peut-on la considérer comme suffisante pour parer à toutes les ingéniosités de la fraude ?

Les dettes civiles peuvent être justifiées par des titres suscepti- bles de faire preuve en justice contre le défunt, dit le projet. N'y a-t-il pas là matière à interprétation?

Il semble que la justification est peut-être insuffisante. En justice, les parties (demandeur ou défendeur) sont animées d'un esprit opposé. Le créancier demande condamnation ou titre exécutoire ; le débiteur, au contraire, se refuse à reconnaître, ou conteste l'existence de la dette, ou bien sollicite un délai.

En matière de déclaration de succession, le redevable qui voudra obtenir la déduction d'un passif fictif et le prétendu créancier, qui se prêtera à la fraude (à charge de revanche ou de tout autre service), au lieu d'être animé d'un esprit contradictoire, pourront être entière- ment d'acccord.

Notons que les fraudeurs pourront opérer en toute sécurité. Les morts subites sont l'exception, les décès à la suite d'une maladie, d'une durée plus ou moins longue, sont plutôt la règle.

Au moment voulu, l'auteur de la succession peut se reconnaître débi- teur envers un ami d'une somme importante, suivant reconnaissance sous signature privée, exigible à plusieurs années d'intervalle ; et l'ami complaisant pourra à une date postérieure fournir une quittance de la même somme censée payée par anticipation ; la reconnaissance et la quittance se balançant exactement. Le débiteur ne craint rien de son complaisant créancier, puisqu'il a en mains la preuve de sa libé- ration.

Le décès arrivant, l'héritier se gardera bien de produire la-

quittance, obtiendra la déduction de ce passif, en représentant la reconnaissance ou en la faisant représenter par le prétendu créancier.

Autre exemple : D'après l'art. 1409 du Code civil, la communauté se compose passivement : 3° *des dettes contractées par le mari pendant la communauté.*

Une femme mariée décède ; son mari peut se concerter avec un ami complaisant pour justifier d'un passif de communauté fictif ; il lui signe une reconnaissance antidatée, et retire de lui une quittance de pareille somme, d'une date postérieure au décès. Six mois après, lors de la déclaration de succession, il présentera les deux pièces au Receveur, qui devra opérer la déduction d'une dette de communauté *absolument justifiée.*

Il semble donc que la justification prescrite par l'article 1er est insuffisante et qu'elle devrait être corroborée par d'autres éléments ; ceux par exemple tirés d'une comptabilité intérieure, régulièrement tenue et arrêtée par actif et passif, où l'on trouverait la recette et l'emploi de la somme ou valeur empruntée, en date voulue, et dans laquelle le Receveur pourrait découvrir au besoin des éléments de vérification pour la déclaration sincère de l'actif.

Les héritiers qui ne fourniraient point cette justification, n'auraient qu'à s'en prendre à eux-mêmes, si la déduction n'était pas opérée.

Faudrait-il plaindre les illettrés de ne pouvoir faire cette complète justification ? Les cas seraient rares, étant donné que la gratuité de l'instruction, depuis vingt ans, a dû en restreindre considérablement le nombre. Cette mesure, qui peut paraître rigoureuse, serait d'ailleurs toujours facultative de la part de l'héritier, en cas de contestation avec l'enregistrement.

En ce qui concerne les dettes commerciales, il paraît peu probable que les livres exigés par le Code de commerce, cotés et paraphés par les présidents et juges des tribunaux de commerce, soient falsifiés pour les besoins de la cause. Mais il semblerait équitable que le passif commercial ne fût admis à la déduction, que tout autant qu'ils seraient régulièrement tenus et que ces mêmes livres, présentés pour la déduction, pussent être utilisés pour la vérification de l'actif correspondant.

En outre, il est à remarquer que dans les déclarations de successions de commerçants ou d'industriels, on déclare des marchandises ou des matières premières pour des chiffres insignifiants, sous le prétexte « *que l'expertise n'existe pas pour les meubles.* »

Elle existe cependant pour les mutations de fonds de commerce à titre onéreux (Loi du 28 février 1872, art. 8), à condition qu'elle soit requise dans les trois mois, à raison de la mobilité des marchandises.

On pourrait appliquer l'expertise pour les mutations par décès de fonds de commerce, marchandises, matières premières, etc., dans les mêmes conditions que pour les mutations à titre onéreux (trois mois après la déclaration).

Il n'est pas douteux que cette mesure aurait un effet moral considérable sur la sincérité des déclarations de succession des commerçants et industriels, au grand profit du Trésor Public.

* *

« Art. 2. — Toutefois ne seront pas déduites : les dettes échues
« trois mois au moins avant l'ouverture de la succession, à moins
« qu'il ne soit produit une attestation du créancier en certifiant
« l'existence à cette époque. »

Le projet n'indique pas la forme de cette attestation ; nous estimons que l'administration de l'Enregistrement fera bien d'exiger du créancier une attestation sur papier timbré, datée et signée, [avec légalisation de sa signature.

Quand on écrit sur timbre, généralement on réfléchit et on attache davantage d'importance à l'acte que l'on accomplit. Puis, cette attestation sur timbre pourra être invoquée plus utilement en justice contre le créancier, qui se serait rendu complice d'une fraude.

Dans la plupart des cas, les redevables trouveront bien les créanciers disposés à donner l'attestation exigée par l'art. 2 ; ils pourront même en trouver de trop complaisants, pour se rendre complices, d'une fraude.

Mais il pourra se présenter des cas où le créancier ne voudra pas donner son attestation d'existence de la dette. Le redevable aura-t-il le moyen de l'y contraindre ? Le projet de loi ne prévoit pas cette circonstance exceptionnelle.

Cependant, si nous supposons une créance établie par jugement, ces sortes de dettes étant toujours immédiatement exigibles seront censées et payées comme échues trois mois avant l'ouverture de la succession. Et malgré l'existence réelle de la dette, vu l'état d'esprit d'irritation entre plaideurs, le redevable pourra bien éprouver des difficultés pour obtenir un certificat de son créancier.

* *

Ancien art. 4. — Valeur vénale des biens et Revenu capitalisé. — Les dispositions de l'art. 4 de l'ancien texte, qui devaient produire un surcroît de recettes de 7 millions 600 mille francs, par suite du choix des modes d'évaluation laissé à l'enregistrement, ont été abandonnées. On a soutenu que la faculté de choisir laissée à l'administration du mode d'évaluation le plus avantageux pour le trésor, constituait une inégalité de traitement entre les redevables.

Le maintien de l'évaluation par le revenu capitalisé donne lieu à des critiques encore plus sérieuses et constitue une inégalité de traitement autrement grave entre les contribuables. Il sera facile de le démontrer.

Je me place surtout au point de vue des immeubles ruraux, que la commission de la Chambre des Députés paraît surtout avoir considérés dans la question.

Trois hypothèses sont possibles, en effet :

Ou le revenu rural est *égal*, *inférieur* ou *supérieur* à 4 p. 0/0.

1er cas. — Si le revenu est égal à 4 0/0 pas de difficultés, la capitalisation au denier 25 (4 × 25 = 100) donne un produit égal à la valeur vénale.

2e cas. — Si le revenu est inférieur à 4 0/0, le Trésor se trouve lésé. En effet, la capitalisation par 25 donne un produit inférieur, et par suite une valeur imposable inférieure à la valeur vénale. Il paraît au moins peu rationnel, au point de vue de l'intérêt du Trésor, et même de l'équité des rapports entre les redevables et le Trésor, *que l'on déduise la totalité du passif de la fraction de valeur vénale*, qui correspond à la matière imposable.

Soit une propriété rurale d'une valeur de 20,000 francs, d'un revenu de 500 francs (à 2 1/2 p. 0/0) ; le revenu capitalisé par 25 sera de 500 × 25. 12,500 fr.

Si cette propriété est grevée d'un passif de . . . 10,000 fr.

Les droits de mutation ne seront perçus que sur . 2,500 fr.

Soit sur un huitième (1/8e) de la valeur vénale intégrale, alors que l'actif net est de la moitié (1/2), de l'actif brut. Le préjudice éprouvé par le Trésor est d'autant plus important que la part héréditaire peut se trouver inférieure à 1,000 francs, et dès lors le tarif du droit de mutation peut se trouver encore réduit à 1/2, si on admet le système dégressif.

Suivant que le passif sera plus ou moins important, la valeur imposable variera proportionnellement en raison inverse, et ne sera plus du tout proportionnelle à l'importance réelle des droits héréditaires.

L'application de l'évaluation unique par la capitalisation du revenu donnera lieu à une inégalité choquante entre les redevables.

Supposons deux propriétés rurales composant deux successions différentes d'une valeur de 20,000 francs chacune, et d'un revenu de 2 1/2 0/0, ou 500 francs.

La capitalisation au denier 25 est de 12,500 francs : l'une est grevée d'un passif de 10,000 ; l'autre d'un passif de 5,000 francs, seulement.

Dans le premier cas, l'héritier recueille 20,000 francs moins 10,000, soit 10,000 francs net.

Dans le deuxième cas, 20,000 — 5000 = 15,000 francs.

Ce dernier recueille donc 1/2 en plus seulement que le premier.

Avec la capitalisation du revenu, le premier héritier paye sur une valeur imposable de 12,500 moins 10,000 = 2,500 francs.

Et le deuxième sur une valeur imposable de 12,500 francs moins 5,000 = 7,500 francs.

Donc le deuxième pour hériter de 1/2 en plus que le premier payera le droit de mutation sur une valeur imposable *trois fois* plus forte, alors qu'il ne recueillera réellement que la 1/2 en plus; et la différence de traitement sera d'autant plus exagérée que le taux du droit pourra être plus élevé sur la dernière portion de la valeur imposable, en admettant l'application du tarif progressif voté par la Chambre.

Ce résultat peut donc paraître injuste, outre qu'il est contraire à tous les principes.

3ᵉ cas. — Si le revenu rural est supérieur à 4 0/0, la capitalisation par 25 donne un produit supérieur à la valeur vénale.

Mais l'inégalité du traitement entre les redevables est très atténuée. Ainsi supposons que nos deux propriétés rurales de 20,000 francs donnent un revenu de 5 0/0, soit de 1,000 francs. La capitalisation par 25 sera de 25,000 francs.

Le premier héritier payera sur une valeur imposable de 25,000 francs moins 10,000 = 15,000 francs.

Le deuxième 25,000 francs moins 5,000 = 20,000 francs.

Le deuxième héritier qui recueille un actif net de 20,000 francs, soit 2/3 de l'actif net du premier héritier, payera le droit de mutation sur une valeur imposable qui sera les 3/4 de celle appliquée au premier héritier. La différence entre les deux fractions 2/3 et 3/4 est seulement de un douzième (1/12ᵉ).

Par suite, si l'intérêt du redevable est lésé par la substitution de la valeur vénale au revenu capitalisé, c'est seulement lorsque le revenu rural est supérieur à 4 0/0, mais il paraît équitable de frapper plutôt les immeubles susceptibles d'un revenu élevé que ceux produisant un faible revenu.

Dans la pratique, du moins pour la plupart des régions autres que le Nord, un revenu rural supérieur à 4 0/0 est rarement obtenu avec la déclaration estimative des parties. Il n'est obtenu le plus ordinairement que pour des immeubles ruraux affermés au moment de la transmission, et les sympathies du législateur doivent être plutôt réservées au propriétaire *cultivant*, qu'au propriétaire *affermant*, qui ne trouve dans la possession tranquille de la terre qu'un placement de ses capitaux.

En ce qui concerne les renseignements amassés de longues années par l'administration sur le revenu des biens ruraux, il est supposable que les bouleversements apportés, ces dernières années, par la crise agricole, le phylloxera et autres fléaux cryptogamiques en ont atténué l'utilité.

Comme le disait avec raison M. Dupuy-Dutemps dans le rapport de la commission de la Chambre annexé à la séance du 5 juillet 1894 : « Puisque le principe déterminant de la réforme est l'impôt sur l'ac-« croissement de richesse, et que nous avons opéré la déduction des det-« tes, il convient de faire reposer la taxe sur la valeur vraie, c'est-à-« dire celle qui représenterait le prix en argent des biens soumis aux « droits et non sur une valeur fictive fixée à forfait ».

Et le rapport ajoutait : « Il existe, d'ailleurs, une certaine catégorie « de biens improductifs par eux-mêmes, mais ayant une valeur consi-« dérable : les terrains à bâtir dans les villes, les parcs, les châteaux, « etc., qui par l'application du système actuel contribuent d'une façon « dérisoire au payement des droits de mutation par décès, et ce sont « précisément ces biens improductifs qui accusent la plus grande « richesse ».

Ces considérations nous semblent avoir une grande portée, et la surcharge qui pourra peser de ce chef sur la propriété rurale, lorsque le revenu est inférieur à 4 0/0, est largement compensée par la déduction des dettes.

Ainsi que nous venons de l'établir, la déduction du passif a pour corollaire nécessaire l'évaluation de l'actif réel obtenu par la valeur vénale vraie, sous peine de voir déduire, dans bien des cas, la *totalité* du passif d'une *fraction* seulement de l'actif ; ce qui constituerait une inégalité de traitement entre les redevables, en même temps qu'une grave erreur fiscale.

Autrement, le Trésor peut s'attendre à éprouver un sérieux préjudice, car au lieu d'évaluer la perte à *un cinquième* du produit brut des successions, il faudrait alors prévoir une moins value *d'un quart* soit de 80 millions 625 mille francs, au lieu de 64 millions 500 mille francs.

(Rapport supplémentaire de M. Doumer, page 60).

Article 9. — § 1. — N° 1. — **Démission de biens.** — L'article 60 de la loi du 22 frimaire an VII avait tarifé les donations à titre de partage anticipé aux mêmes droits que les autres donations en ligne directe, (1 fr. 25 0/0 pour les meubles et 1 fr. 50 0/0 pour les immeubles).

La loi du 28 avril 1816, article 54, les avait soumises au droit d'hypothèque et de transcription de 1 fr. 50 0/0, lorsque ces actes étaient présentés à cette formalité, en ce qui concernait les immeubles.

La loi du 16 juin 1824, article 35, a réduit le tarif du droit d'enregistrement aux taux fixé pour les successions en ligne directe, c'est-à-dire à 1 fr. 0/0 (1 fr. 25 0/0, décimes compris).

Enfin l'article 1ᵉʳ de la loi du 21 juin 1875 a réduit le droit de transcription (qui était de 1 fr. 50 0/0) à 0 fr. 50 0/0, mais a décidé que ce droit serait perçu lors de l'enregistrement de l'acte ; de sorte que le droit d'enregistrement des démissions de biens s'est trouvé porté obligatoirement à 1 fr. 50 0/0 en principal, et à 1 fr. 875 0/0 avec les décimes.

Cette addition obligatoire du droit de 0 fr. 50 0/0 de transcription au droit d'enregistrement, présentée sous la forme d'une diminution du droit de transcription, n'en a pas moins constitué une augmentation du tarif des donations à titre de partage anticipé. Elle a soulevé de vives critiques à l'assemblée nationale, notamment de la part de MM. Sebert et Méline (séance du 18 juin 1875).

Aujourd'hui, au moment où nous dégrevons, par l'admission du principe de la déduction du passif et l'application du taux dégressif, les successions directes de peu d'importance, on nous propose de porter les droits actuels qui sont de 1 fr. 25 0/0 pour les meubles et de 1 fr. 875 0/0 pour les immeubles à un tarif uniforme de 2 ou 2 fr. 50 0/0, sans aucune déduction du passif.

Il s'agit donc là d'une nouvelle et importante exagération des droits, puisqu'elle doit produire plus de 2 millions et demi, en portant sur une catégorie de contrats qui, de tout temps, ont mérité la bienveillance du législateur.

Depuis 1824, les donations d'ascendants ont toujours joui du même traitement fiscal (sauf l'addition du droit de transcription), que les successions en ligne directe. Pourquoi ? Parce que ces transmissions ne sont que des *partages de présuccessions, de véritables successions anticipées*.

Dans les donations ordinaires, le *but* poursuivi par les parties, c'est la donation ; dans les démissions de biens le *but* recherché, c'est la dévolution de la succession, et la donation n'est que le moyen employé pour arriver à cette dévolution, et ensuite au partage de l'héritage.

Le projet de loi, qui est soumis au Sénat, déroge aux précédents sur ce point, et si le taux de 2 fr. 50 0/0 était définitivement adopté, les démissions de biens seraient ainsi rendues impossibles par ce relèvement de droits, et il faut encore remarquer que ces droits seraient encore aggravés pour la plupart des partages d'ascendants, par le fait de la non-déduction des dettes, dont bénéficieraient seules les successions.

Dans ces conditions, il est facile de comprendre que les démissions de biens seraient entravées et en grande partie supprimées dans la pratique.

Et il serait vraiment bien regrettable d'empêcher ainsi, par une loi trop fiscale, les petits cultivateurs vieillis et fatigués de continuer à faire leurs partages anticipés, qui sont, comme le disait avec tant de raison l'honorable M. Rose à la Chambre, dans leurs traditions, dans leurs mœurs, dans leurs habitudes. Il y a là une haute raison politique, en même temps qu'une raison de haute moralité, de ne point innover dans une matière aussi sérieuse.

Les partages d'ascendants sont de leur nature universels comme les successions et le législateur doit les assimiler complètement aux successions.

Par l'effet de la loi votée par la Chambre, les droits de mutation pour les petites successions ont été diminués dans une importante proportion.

Prenons quelques exemples et comparons les droits qui seraient applicables aux donations à titre de partage anticipé par rapport aux successions en ligne directe.

1er exemple. — Une succession échue à six enfants comprend une propriété rurale d'un revenu brut de 400 fr., grevée d'un passif de 4.000 fr.

400 fr. $\times$ par 25 = 10.000 fr.

Il sera perçu sur un actif net de 10.000 fr. — 4.000 = 6.000 fr., soit pour chacun des six enfants sur 1.000 fr.

Chaque enfant payera à 0 fr. 50 0/0 = 5 fr.

Soit pour les six enfants 5 $\times$ 6 = 30 fr.

Si le père de famille fait un partage anticipé, les six enfants paieront sans aucune déduction du passif, 2 fr. 50 0/0 sur 10.000 fr. = 250 fr., soit 220 fr. de plus, sans compter les frais et honoraires du notaire.

2e exemple. — Supposons encore un père de famille ayant quatre enfants, et possesseur d'une propriété rurale d'un revenu brut de 1.600 fr. (au capital imposable par 25 de 40.000 fr.) grevée d'un passi de 8.000 fr.

Il sera dû sur la donation-partage de cette propriété, en vertu de l'article 9, à 2 fr. 50 0/0 sur 40.000 fr. = 1.000 fr., sans compter les autres frais d'actes.

Si le père de famille meurt sans avoir fait de partage anticipé, sa succession comprendra : actif brut 40.000 fr. moins 8.000 fr. = 32.000 fr., soit une part nette pour chacun des quatre enfants de 8.000 fr., dont les droits de mutation seront les suivants :

A 1 fr. 0/0 sur 2.000 fr. . . . . 20 fr. } 95 fr.
A 1 fr. 25 0/0 sur 6.000 fr. . . . . . . 75 fr.

Soit pour chacun des quatre enfants 95 fr., $\times$ 4 = 380 fr. ou une moyenne de 1 fr. 17 0/0 de l'actif net.

Différence de droits en moins pour la succession que pour la démission de biens, 620 fr.

3e exemple. — Cas applicable aux fortunes moyennes. — Succession échue à deux enfants :

Propriété d'un revenu de 4.000 fr. × 25 = 100.000 fr.
Passif type (1/5e) à déduire . . . . . . 20.000 fr.

Net . . . . 80.000 fr.
Part nette de chaque enfant . . . . . . 40.000 fr.

Droits de mutation par décès pour chaque enfant
à 1 0/0 sur 2.000 fr. = 20 fr.
à 1 fr. 25 0/0 — 8.000 fr. = 100 fr. } 570 fr.
à 1 fr. 50 0/0 — 30.000 fr. = 450 fr.

40.000 fr.

Calcul des droits de mutation sur toute la succession 570 × 2 = 1140 fr.

En cas de partage anticipé, il serait perçu à 2 fr. 50 0/0 sur 100.000 fr. = 2.500 fr.

Différence excédent 1.360 fr., plus du double, sans compter les frais d'actes.

Peut-on admettre que ces résultats soient de nature à généraliser l'emploi des partages d'ascendants, de ces sortes d'actes qui méritent, pourtant, d'être encouragés, parce qu'on ne saurait assez le dire, c'est l'acte le plus intéressant, le plus utile à la société et à la famille ?

Si le législateur veut continuer à faciliter les partages d'ascendants, il doit prendre le parti de les assimiler complètement aux successions en ligne directe, ou du moins ne point les soumettre à un tarif supérieur au droit de mutation par décès, défalcation faite des dettes, du moins celles ayant privilège spécial ou hypothèque sur les biens donnés.

Autrement, d'après le projet, les successions anticipées de grande importance jouiraient du même tarif de 2 fr. 50 (réduit à 2 0/0 par la commission du Sénat), alors que le tarif des successions ordinaires est porté jusqu'aux taux de 4 0/0.

Dans les grosses fortunes, le passif est rare. De plus, le coût des actes notariés est en général décroissant (l'impôt progressif à rebours), et toute proportion gardée, les actes très importants sont d'un coût moins élevé.

La loi projetée a donc pour conséquence de favoriser les partages d'ascendants ayant pour objet de grandes fortunes, tandis qu'elle supprime la possibilité des démissions de biens de valeur modeste.

N'est-elle donc pas en contradiction avec le but démocratique que l'on doit poursuivre ?

Il est peu exact de soutenir que la réforme de l'évaluation de l'usufruit et de la nue-propriété favorisera les petits partages anticipés. Le vieux cultivateur, qui fait ses partages de son vivant, se réserve rarement l'usufruit des biens donnés. Presque toujours il se contente d'une pension en argent et de quelques prestations en nature. Dans tous les cas, la réserve de jouissance ne comprend qu'une partie infime des biens donnés ; quelque peu de mobilier, un droit d'habitation, une parcelle de jardin. Et puis le partage anticipé n'intervient que lorsqu'il a passé 60 et 70 ans, et l'usufruit réservé ne sera évalué qu'à 1 ou 2/10e.

Cette légère diminution ne compensera point l'augmentation résultant du nouveau tarif de 2 fr. ou 2 fr. 50 0/0 proposé.

Il apparaît donc de toute justice, sinon de toute nécessité, que la loi sur les successions en ligne directe soit appliquée dans toutes ses conséquences aux successions anticipées, puisque par une fiction qui n'est peut-être pas très juridique, mais qui est trop respectable pour ne pas être admise, ces sortes de démissions de biens forment l'équivalent des successions ouvertes par décès, lorsqu'elles comprennent l'universalité des biens des ascendants donateurs.

En général, les donations ordinaires ne comportent pas, je le reconnais, le tarif progressif et la déduction du passif : le tarif progressif, parce qu'on pourrait diviser les biens des donateurs en une série de donations partielles qui seraient assujetties au tarif le moins élevé ; la déduction du passif, parce que la charge de payer les dettes est une condition de la donation, le résultat d'une convention. Mais il n'en est pas de même en ce qui concerne les partages d'ascendants comprenant la totalité des biens possédés par les donateurs, c'est-à-dire de ces pré-successions qui sont absolument assimilables aux successions directes ordinaires qui s'ouvrent d'une façon anticipée par l'effet de la démission de biens, au lieu de s'ouvrir par le décès.

Le tarif ordinaire projeté de 2 fr. ou 2 fr. 50 0/0 ne devrait être exigé que dans le cas où le partage anticipé ne comprendrait qu'une partie des biens possédés par les donateurs.

De là toutefois à conclure, comme l'honorable M. Liotard-Vogt le faisait à la Chambre des députés lors de la discussion du projet de loi, que si l'on devait déduire le passif grevant les biens donnés par les ascendants, il faudrait renoncer par assimilation au droit de mutation sur les ventes, il y a loin.

Les deux cas ne sont ni identiques, ni assimilables, en fait ou en droit.

La démission de biens est le moyen employé par l'ascendant pour faire ouvrir d'avance sa succession, de manière à pouvoir faire lui-même entre ses enfants, la distribution et le partage de ses biens. C'est une mutation essentiellement à titre gratuit, sans stipulation de prix quelconque au profit du donateur ; par cet acte, le père de famille substitue ses enfants à son lieu et place, tant dans les biens donnés que

— 12 —

dans les dettes et charges qui le grèvent lui et ses biens, de la même
manière et au même titre que ces dettes grèveraient personnellement
ces successeurs et continuateurs de sa personne, si le donateur était
réellement décédé. C'est une transmission forcée pour ainsi dire, qui
ne doit payer que sur l'enrichissement.

La vente au contraire est un contrat essentiellement à titre onéreux
et volontaire, dans lequel un prix est toujours stipulé, outre les charges. Il a toujours été admis que le droit sur les mutations à titre onéreux était exigible sur le prix et les charges, c'est-à-dire sur tout ce
qui est déboursé par l'acquéreur. Encore faut-il que ce prix ne soit
pas inférieur à la valeur réelle, sous peine de s'exposer à payer un
droit en sus, outre les frais d'expertise. L'acquéreur doit l'impôt d'enregistrement sur son prix ; que le prix soit payable à son vendeur ou
aux créanciers inscrits. En effet, l'acquéreur doit remettre au vendeur
une valeur égale à celle qu'il en reçoit, c'est-à-dire la somme qu'il lui
remet directement et celle qu'il paye en son acquit aux créanciers
hypothécaires, en le débarrassant de sa dette. Payer une dette pour
son voisin équivaut à lui remettre de l'argent pour la payer.

Par conséquent, l'argument principal de M. le Directeur général de
l'Enregistrement, qui a fait repousser par la Chambre l'amendement
de MM. Rose et Brunc, n'a pas de portée dans l'espèce qui nous
occupe.

**Art. 9, § 1er, n° 2, et § 2, n°. 1, 2, 3, 4. — Donations par contrat
de mariage. —** Les donations par contrat de mariage sont actuellement tarifées en ligne directe au droit principal de 1 fr. 25 0/0 pour
les meubles et créances, et de 2 fr. 75 0/0 pour les immeubles. Le
projet de loi actuel porte les droits, sans distinction entre les meubles
et immeubles, au taux uniforme de 2.75 0/0. Le tarif pour les meubles, créances et valeurs se trouve ainsi doublé.

Les donations entre époux par contrat de mariage sont tarifées actuellement au droit principal de 1 fr. 50 0/0 pour les meubles et de
3 fr. 0/0 pour les immeubles, y compris le droit de transcription.

Le projet actuel élève le tarif de toutes les donations entre époux par
contrat ou hors contrat de mariage à 5 0/0.

En outre, le projet voté par la Chambre soumet aux mêmes tarifs les
donations en ligne collatérale faites par contrat ou hors contrat de
mariage, sans distinction; et élève les droits jusqu'à 10 fr., 11 fr. 50 et
14 fr. 0/0.

A cet égard, le projet de loi contient une dérogation à toute la législa-
lation antérieure.

Jusque-là, le législateur avait favorisé les donations par contrat de
mariage. Il avait considéré avec raison que c'est par le contrat que

commence la formation du patrimoine familial, et il avait encouragé ces sortes de donations, en leur appliquant d'un tarif de faveur. L'État, en effet, ne saurait trop faciliter les unions légitimes, qui servent de vrai fondement à la société.

En frappant de droits trop élevés les contrats de mariage, le Trésor, les futurs époux et les enfants, tout le monde y perd :

Le trésor, parce qu'on s'abstient de faire des contrats de mariage, et qu'on se contente irrégulièrement de faire des dons manuels, afin d'éviter d'acquitter des droits trop élevés.

Les époux, parce que leurs parents, redoutant les frais considérables d'un contrat de mariage, prennent le parti de ne faire que des dons manuels ou des donations déguisées ou même des promesses verbales, souvent non suivies d'effet, ce qui créera la gêne et peut-être la désunion dans les jeunes ménages et empêchera ainsi le point initial de la fortune en formation.

Les enfants, parce que les reprises des époux n'étant pas constatées, ne se trouvent pas liquides ni certaines, et peuvent ainsi donner lieu à de graves contestations entre eux et le survivant de leurs père et mère.

Pour toutes ces raisons, les droits projetés, tant pour les partages d'ascendants que pour les donations par contrat de mariage en ligne directe, nous semblent trop élevés.

En ce qui concerne les donations faites par contrat de mariage par des collatéraux, l'augmentation exagérée des droits ne peut que nuire aux mariages. Ces sortes de donations sont tout à fait facultatives, et l'exagération des droits empêchera souvent d'y donner suite.

L'oncle ou le parrain généreux hésiteront certainement à doter leur neveu ou nièce ou filleule, s'ils doivent payer jusqu'à 14 0/0 de droits. La plupart du temps, ils négligeront de faire constater l'apport des futurs époux, afin d'éviter l'impôt, où ils se contenteront de remettre de la main à la main la somme dont ils voudront les gratifier.

Je ne demanderai pas le même traitement pour les mutations entre vifs, à titre gratuit, autres que celles à titre de partage anticipé ou par contrat de mariage.

En règle générale, ces sortes de transmission ne méritent pas la même faveur. Il n'est pas rare que les donations en ligne collatérale ou entre étrangers soient obtenues par les donataires, au détriment de parents plus rapprochés, par des moyens peu scrupuleux.

Tous les hommes d'affaires connaissent une fraude, assez répandue, contre laquelle le Trésor doit se prémunir.

Au lieu d'un acte de donation, les parties trouveront plus avantageux de faire un acte de vente par le donateur au donataire, moyennant un prix indiqué comme étant payé comptant (alors qu'en réalité, aucune

somme n'aûra été réellement versée), ou moyennant un prix converti
en une rente viagère imposae par le donateur (qui prendra la qualité
de vendeur), au donataire (qui prendra celle d'acquéreur).

Remarquez que cette fraude ne pourra que prendre une certaine
extension, puisque le tarif des droits de donations entre-vifs est aug-
menté, tandis qu'il est question de réduire notablement celui des mutations à titre onéreux.

Depuis longtemps, l'administration a essayé de combattre cette fraude
difficile à atteindre ; mais, en général, les tribunaux, souverains en la
matière, puisqu'il s'agit d'une appréciation de fait, se sont tournés du
côté des fraudeurs. De plus, en admettant que la fraude soit bien établie, les tribunaux ne peuvent condamner le fraudeur qu'à un simple
supplément de droit égal à la différence entre la perception opérée et
celle qui aurait dû être faite, et aux dépens qui, en matière d'enregistrement, se réduisent à quelques feuilles de timbre et aux frais de
signification de mémoires.

Il paraît donc indispensable d'édicter en ce cas, qui constitue une
dissimulation, une pénalité égale à deux fois le droit dont le Trésor a
été frustré.

Art. 11 et 12. — **Valeurs mobilières.** — Ainsi que nous l'avons fait
remarquer, le sentiment de justice et d'équité qui a déterminé l'admission de la déduction du passif doit avoir pour conséquence l'admission
de toutes les mesures propres à assurer la perception de l'impôt sur
toutes les valeurs qui y sont assujetties.

L'omission la plus répandue est celle des titres au porteur. Les quelques titres au porteur déclarés appartiennent, soit à des redevables
consciencieux, soit aux redevables les plus intéressants, comme les
mineurs ; alors, et c'est à peu près le seul cas, un bon et fidèle inven-
taire est dressé et toutes les valeurs sont assujetties à l'impôt de mutation. Précisément, parce que la fraude est plus difficile à saisir, il
convient de prendre des précautions extraordinaires.

Dans l'intérêt du Trésor, il semblerait utile d'adopter sur ce point
l'amendement de M. Gamard, député, qui frappait tous les titres au
porteur d'une taxe annuelle d'abonnement, d'un taux à déterminer,
sauf à les dispenser de toute déclaration dans les successions, où ils
seraient simplement mentionnés pour ordre et mémoire.

M. Fernand Faure, aujourd'hui directeur-général de l'Enregistrement, dans un discours très substantiel, fait à la Chambre des Députés, dans la discussion générale du budget de 1887 (séance du 11 novembre 1886), a parfaitement mis ces faits en évidence, mais la question en est restée là.

L'honorable M. Faure proposait une taxe d'abonnement de 20 centimes 0/0 sur toutes les valeurs au porteur, qu'il évaluait à un produit annuel de 42 millions pour le budget public, pour les 21 milliards de valeurs au porteur qu'il soutenait être soustraites à tout impôt de mutation.

Dans le système de M. Faure, comme dans celui de M. Gamard, les valeurs au porteur seraient désormais dispensées de toute déclaration de succession.

Il s'agit là d'une matière imposable dont l'importance ne peut échapper à personne.

Cette surveillance de la propriété des titres au porteur, aussi bien que leur taxation, s'impose au point de vue de l'égalité de tous les contribuables devant la loi fiscale ; elle pourrait devenir beaucoup plus importante, dans le cas d'établissement de l'impôt sur le revenu ; mais même au point de vue des droits de mutation par décès, elle doit préoccuper les pouvoirs publics. Je mentionnerai encore pour mémoire l'intérêt de la question, au point de vue de la justice répressive, en cas de vol ou de perte du titre.

Dans le but de soustraire maintes valeurs à l'application de l'impôt, a fraude pourra affecter la forme de dons manuels, qu'on affirmera-lavoir été faits avant le décès. Dans le but d'y parer, il serait néces saire de modifier l'article 6 de la loi du 18 mai 1850, en rendant obligatoire la déclaration du don manuel dans un délai déterminé, sur laquelle déclaration le droit principal sera exigible.

La vraie justice fiscale consiste surtout à imposer d'une manière égale les mêmes matières, sans se préoccuper de leurs détenteurs.

Le Trésor ne doit encaisser que ce qui lui est dû, mais il doit encaisser tout ce qui lui est dû. On peut s'habituer à l'exagération des droits, mais la conscience publique ne pardonne pas l'injustice par l'inégalité.

Art. 16. — Ventes d'immeubles. — Cet article mérite à lui seul toute une étude et appelle tout un système complet de réforme, différent de celui adopté par la Chambre des députés. Ce serait s'illusionner gravement de croire que la réduction à 2 0/0, décimes et droits de transcription compris, des droits de vente d'immeubles ruraux, jusqu'à 1000 francs, doit apporter un soulagement sérieux à la petite culture.

Si l'on veut réellement dégrever la petite propriété rurale, c'est *aux droits fixes* de timbre, enregistrement et transcription qu'il faut résolument s'attaquer. Autrement, l'impôt de mutation dans les petites ventes perd généralement son caractère de droit principal pour devenir l'accessoire des charges de transmission.

Un exemple mettra la question en évidence et en fera saisir toute l'importance.

Prenons une vente notariée de 100 francs et faisons le décompte des frais, sans y comprendre les honoraires du notaire ni du conservateur :

1° Timbre de la minute 1.20
2° Droit d'enregistrement (ancien tarif). 6.88
3° Droit de timbre de l'expédition, calculé à raison de 2 feuilles à 1.80. 3.60
4° Timbre du bulletin de reconnaissance de dépôt au bureau des hypothèques. 0.60
5° Timbre du registre des dépôts 0.24
6° Droit fixe de transcription 1.25
7° Droit de timbre du registre de transcription calculé à raison d'une feuille et demie de grand papier à 3.60 . . . . . 5.50
                                                                    ———
L'ensemble de ces droits atteint donc 19 fr. 27. . . . . . . 19.27

Ce n'est pas tout ; quand le prix n'est pas payé comptant, le conservateur doit prendre une inscription d'office au profit du vendeur, toujours bien entendu sur un registre timbré, et si nous attribuons à cette inscription une longueur de 60 lignes, nous aurons à ajouter, timbre 1 fr. 80. . . . . 1.80

Cette inscription, il faudra encore la faire radier, et les frais vont être encore plus élevés.

Timbre minute de la main levée, une feuille 0.60
Enregistrement de la mainlevée. 6.25
Timbre de l'expédition 1.80
Timbre du certificat de radiation 0.60
                                                                    ———
Les droits de mainlevée et de radiation s'élèvent à 9 fr. 25, ci   9.25
en ce non compris les honoraires du notaire, ni le salaire du conservateur.

Quand il y a une succession, le conservateur exigera un acte de notoriété, si parmi les vendeurs ou leurs héritiers se trouvent des femmes mariées, il exigera toujours la production des contrats de mariage, soit de ce chef une dépense d'au moins 10 francs. . . . . . . 10 fr.

Mais si le plus ordinairement, outre la main-levée une pièce suffit, il arrive souvent, surtout lorsqu'il s'agit des mineurs, d'incapables ou de femmes mariées, que les pièces à produire, destinées à se perdre dans les archives d'une conservation, nécessitent des frais considérables. Ainsi, par exemple, pour une épouse séparée, il faudra déposer à la conservation l'expédition du jugement qui prononce la séparation, les certificats des greffiers de tribunaux civils et de commerce, ceux des secrétaires de mairie, des chambres de notaires et d'avoués, où le jugement doit être affiché, l'expédition de l'acte qui établit que le jugement de séparation a été exécuté. Il faudra encore justifier que le jugement

de séparation a été signifié à celui des deux époux contre lequel il a
été rendu et encore qu'il a acquis l'autorité de la chose jugée, soit des
frais s'élevant de 100 à 150 francs.

En s'en tenant à ce qui se produit le plus habituellement, le petit
cultivateur a à payer au Trésor à l'occasion d'une vente de 100 francs.
Minute, expédition et transcription. 19 27
Main-levée, expédition et radiation 9 fr. 25 . . . . 9 25

                                        Total des droits fixes 28 52

Si on y ajoute, les honoraires du notaire et le salaire du conservateur qui ne s'élèvent pas à moins de 22 francs. . . . 22 »»
Pour les minutes de vente, de main-levée, vacations, expéditions, inscriptions d'office et radiation ; on arrivera à un
   total de 50 fr. 52 . . . . 50 52

C'est-à-dire plus de 50 0/0.

Et ce qui rend l'exagération de ces perceptions plus frappante encore
c'est que la vente de cent mille francs ou d'un million, en dehors
des droits proportionnels, sera atteinte de la même façon et coûtera
uniquement ce que coûtera la vente de 100 francs.

C'est l'honneur du régime républicain de rechercher constamment
l'égalité devant l'impôt ; lui énoncer de pareils faits suffit pour lui
démontrer la nécessité d'y apporter un prompt remède.

Peut-on penser sérieusement qu'en réduisant les droits proportionnels d'enregistrement des ventes inférieures à 2 0/0 au lieu de 6 fr. 88,
comme l'a fait la Chambre, on opère un dégrèvement sensible pour la
petite culture ? Ne sera-ce pas un leurre plutôt décevant pour le petit
cultivateur, lorsqu'il verra que sa vente de 100 francs lui revient
encore, après le vote de la loi, à 45 fr. 64 au lieu de 50 fr. 52, soit
4 fr. 88 seulement de moins que précédemment ?

M. Doumer, alors ministre des Finances, avait si bien compris qu'un
résultat aussi choquant appelait une réforme qu'à la date du 20 janvier
1896, il déposait sur le bureau de la Chambre un projet de loi ayant
pour objet de supprimer les droits fixes sur toutes les ventes d'immeubles.

Ce projet mérite certainement toute l'attention du Parlement, et à
notre avis il doit être joint au projet de réforme des droits de successions, donations et ventes d'immeubles actuellement soumis au Sénat.

L'adoption de ce projet, qui peut être amendé sur quelques points,
aura pour effet de procurer aux petites ventes un dégrèvement autrement important que la réduction à 2 0/0 du droit proportionnel de
ventes d'immeubles ruraux dont le prix est inférieur à 1,000 francs.

En supprimant, en effet, tous les droits fixes de timbre, qui sont pro-
gressifs à rebours, dans les originaux et expéditions des actes de vente,

licitations et échanges, et autres actes en conséquence, tels que quittances de prix de ventes, mainlevées, certificats de radiation des inscriptions d'office ; en dispensant du timbre les registres des hypothèques, ainsi que les bulletins de dépôt, etc..., le législateur rendra un grand service à toute l'agriculture, et principalement à la petite culture.

Cette réforme sera sensible, parce qu'elle se traduira pour tous les petits acquéreurs par une diminution notable des frais; alors les ventes et les transactions deviendront plus nombreuses, et tout le pays y applaudira.

Si l'on trouve que cette réforme cause un trop grand déficit dans le budget (soit une dizaine de millions), qu'on augmente au besoin, pendant quelque temps, les droits proportionnels de mutation, au lieu de 6 fr. 88 0/0, qu'on les porte à 7 0/0.

Le déficit sera ainsi comblé, une œuvre de justice sera accomplie, car avec le nouveau tarif la vente de 10,000 francs coûtera une dizaine de francs de plus, celle de cent mille francs, cent francs de plus, mais la vente notariée de 100 francs, au lieu de revenir à des prix fabuleux jusqu'à 40 et 50 0/0, ne reviendra plus guère qu'à 10 ou 12 0/0, ce qui est encore bien suffisant. Il en sera ainsi des petites ventes de 500, 1000 et 2000 francs, dont les frais se trouveront réduits d'une manière appréciable.

En résumé, le projet de loi tel qu'il est sorti des délibérations de la Chambre, tout en étant perfectible, nous semble devoir être accepté dans ses grandes lignes, pour les quatre principaux motifs suivants:

1° Il réalise la réforme si longtemps attendue de la déduction du passif.

2° Il contient une plus juste évaluation de la nue-propriété et de l'usufruit, dans les transmissions entre vifs et par décès, au moyen d'une tarification calculée d'après l'âge de l'usufruitier.

3° Il pose le principe de la diminution des droits de mutation pour les petites ventes d'immeubles ruraux, et en fait un commencement d'application, sauf les réserves que nous venons de faire, au point de vue pratique.

4° Enfin, il apporte une transformation résolument démocratique dans notre système d'impôts, en graduant le tarif des droits à percevoir, non plus seulement d'après le degré de parenté qui sépare du défunt les héritiers et légataires, mais encore d'après l'importance de l'émolument net recueilli par chacun.

Les trois premiers motifs de la réforme sont acceptés à peu près par tout le monde et pour ainsi dire sans contestation. Mais il n'en est pas de même du dernier, concernant la progressivité ; cette innovation donne lieu à de graves controverses et à de grandes divergences de vue entre les deux fractions du Parlement.

Nous nous proposons de dire simplement, en quelques lignes, notre avis dans cette délicate question, qui constitue le trait le plus caractéristique de ce projet de loi.

La grande raison qui nous fait accepter le principe de la réforme est une raison d'utilité en même temps que d'équité. En effet, pour faire face aux conséquences de la déduction des dettes et d'une meilleure évaluation de l'usufruit et de la nue-propriété, il devient indispensable de relever certains tarifs, et on ne saurait évidemment rechercher ce relèvement parmi les droits qui frappent déjà les mutations des petites fortunes. Pour aboutir, il faut forcément rehausser principalement les droits de mutation sur les fortunes importantes, qui peuvent encore mieux en supporter le poids. Le taux du droit doit être avant tout calculé sur les facultés du contribuable. Or, ces facultés sont ici plus grandes qu'en toute autre matière, parce que l'impôt de succession frappe le redevable au moment où il s'enrichit, sans travail, sans effort aucun, parfois d'une manière inespérée, par le fait d'une véritable aubaine.

Depuis longtemps, la loi fiscale a établi un tarif gradué, suivant le droit de parenté. Le législateur a présumé que la faculté contributive augmente au fur et à mesure que la parenté s'éloigne et cette présomption est rationnelle, parce qu'au fur et à mesure que la parenté s'éloigne, la succession était moins attendue et que par conséquent un prélèvement plus fort est plus facile à supporter.

« Il est certain, disait M. Poincaré, alors ministre des Finances, dans le projet de loi qu'il soumettait au Parlement le 24 juillet 1894, qu'un impôt spécial, à forme progressive, sur les mutations par décès, ne soulève pas les objections formulées contre la progression ».

« Il est évident, ajoutait-il, qu'imposer les grosses parts héréditaires plus que les petites, ce n'est pas imposer l'activité et l'économie de ceux qui les recueillent ».

Et encore : « la graduation des taux par rapport à l'importance des parts héréditaires n'a rien de plus choquant que la graduation par rapport à l'éloignement de la parenté ; elle se justifie, au contraire, parfaitement, par des motifs analogues. En matière de succession, il s'agit de mesurer la faculté contributive exceptionnelle qui résulte d'un fait déterminé et de frapper un accroissement accidentel de richesse. Plus cet accroissement est considérable, plus grand est l'avantage que la loi garantit à l'héritier, plus grande aussi la faculté imprévue qui en résulte ».

La graduation proposée tout en étant modérée permet de dégrever les petites successions. Car, pour les parts successorales nettes n'excédant pas mille francs et seulement en ligne directe, entre époux et entre frères et sœurs, les taux de taxation seront réduits de moitié et fixés ainsi :

En ligne directe. . . . . 0 fr. 50 0/0
Entre époux. . . . . 1 fr. 875 0/0
Entre frères et sœurs . . . . . 4 fr. 25 0/0

Pour les parts successorales nettes n'excédant pas dix mille francs, et seulement entre époux et entré frères et sœurs, l'impôt sera calculé sur la part entière à un taux ainsi réduit :

Entre époux . . . . 3 fr. 75 0/0
Entre frères et sœurs . . . . . . 8 fr. 10 0/0

Il faut remarquer que cette sage progression donne la possibilité de réaliser la double déduction du passif et de l'usufruit, sans surcharger les héritages de faible importance en ligne directe.

La perception de l'impôt modifié ne sera ni arbitraire, ni vexatoire, ni inquisitoriale ; elle portera uniformément sur les choses réelles et non sur les personnes ; car la taxation reposera sur la chose même, capital ou revenu, sujette à l'impôt, sans rechercher la personne possédant l'objet de l'incidence de l'impôt. Ce sera donc bien *un droit réel d'accroissement*, dont la progression constituera la véritable proportionnalité, dans le vrai sens de *la Déclaration des Droits de l'homme*.

Ce procédé commencera ainsi l'application du principe de justice distributive de la charge des impositions à répartir entre tous les contribuables.

Comme le disait avec raison Mirabeau dans un discours célèbre : « Il faut diviser le fardeau de nos impôts, autrement nous n'aurions rien fait pour la tranquillité et pour le bonheur de la nation, si elle pouvait croire que le règne de la liberté est plus onéreux pour elle que celui de la servitude. »

En définitive, l'impôt de mutation tel qu'il est proposé est *réel et direct*, il ne sera et ne devra être, selon nous, qu'un des modes multiples par lequel les citoyens contribueront aux dépenses publiques, au fur et à mesure de l'accroissement de leur fortune.

Ce sera donc un impôt absolument juste et très tolérable ; et par ce moyen se trouvera réalisée une des réformes fiscales les plus populaires de notre temps.

Toutefois, pour faire une réforme plus complète, nous ajouterons que le législateur devra également se préoccuper d'une autre anomalie fiscale. L'Enregistrement perçoit exactement les mêmes droits dans toute succession, sans se préoccuper du nombre des héritiers ; et cependant l'esprit de justice exigerait une distinction.

On ne saurait, en effet, considérer qu'une succession à un seul héritier contribue également dans la même proportion aux charges sociales qu'une autre succession comprenant plusieurs héritiers. La succession absorbée par un héritier unique, outre le plus grand enrichissement d'un seul, n'amène aucun partage, aucune cession ni licitation, et ne donne, par suite, ouverture à aucun droit d'enregistrement pour ces sortes d'actes qui sont, au contraire, forcément inhérents à toute succession, qui comprend plusieurs héritiers.

De là une inégalité de traitement, pourtant facile à réparer au moment de la déclaration, et sans aucun préjudice pour le Trésor.

Dans un avenir prochain, nous voulons du moins l'espérer, le législateur entrera dans une conception plus rationnelle de la réforme fiscale, en tenant compte du nombre des enfants dans la répartition des contributions directes de succession et autres, de manière à compenser un peu les autres charges de toute nature, occasionnées par le grand nombre d'enfants. Car il est évident pour tout le monde que le père de famille qui a 8 ou 10 enfants, déjà écrasé par les dépenses, paye 8 ou 10 fois plus de contributions indirectes que celui qui n'a qu'un enfant, et mérite par conséquent d'être déchargé d'autant de ses contributions directes.

Ce procédé, éminemment juste, que j'appellerai volontiers *de correction fiscale*, pourra, d'ailleurs, contribuer dans une certaine mesure, à l'augmentation de la natalité en France, puisqu'il supprimera en partie la question d'intérêt, qui paraît jouer de nos jours, dans notre pays, un rôle primordial dans la question des naissances.

A ceux qui croiront voir peut-être l'énoncé d'un paradoxe philosophique dans cette conception de la réforme fiscale, nous répondrons que souvent telle pensée qui semblait à tous un paradoxe il y a cent ans, a cependant reçu sa confirmation éclatante quelques années après.

Nous voulons croire que le Parlement se préoccupera, enfin, de rechercher les véritables causes de la diminution constante du chiffre des naissances. Il aura alors à examiner si la question d'intérêt, jointe à l'égoïsme individuel, n'est pas la principale raison de la dépopulation française, et si une protection efficace, accordée aux familles nombreuses dans le répartement de l'impôt, n'aurait pas bien des chances d'amener une réaction favorable à la natalité.

Quant à nous, nous souhaitons ardemment une réforme dans ce sens pour le plus grand bien du pays.

DUFOUSSAT.
Sénateur de la Creuse.

Mayenne. — Imprimerie de l'Ouest, E. 

RÉDACTION ET ADMINISTRATION

61, rue du Faubourg-Montmartre, 61, PARIS

1893

LES LOIS NOUVELLES

REVUE DE LÉGISLATION & DE JURISPRUDENCE

PARAISSANT

LE 1ᵉʳ ET LE 15 DE CHAQUE MOIS

RÉDACTEUR EN CHEF

EMILE SCHAFFHAUSER

DOCTEUR EN DROIT

Tel qu'il est composé et divisé, ce recueil ne saurait être plus complet pour répondre à son objet spécial : l'étude des lois nouvelles.

Il analyse, explique et critique les nouveaux textes de la loi d'une manière méthodique ; il donne la solution de toutes les difficultés qu'ils peuvent soulever, non seulement avec le concours des débats législatifs, mais en interrogeant et utilisant, s'il y a lieu, la doctrine et la jurisprudence antérieures sur la matière. Il fait l'application de ces nouvelles lois dans les formules rédigées avec le plus grand soin.

Il enregistre toutes les décisions judiciaires et toutes les circulaires ministérielles relatives à ces nouveaux textes législatifs.

Enfin, il signale à ses lecteurs le dépôt des projets de loi les plus importants, les analyse succinctement ou les reproduit, et suit leurs transformations diverses jusqu'au jour où ils sont définitivement adoptés.

Ajoutons enfin que, malgré l'extrême modicité de son prix, notre recueil, dont chaque partie formerait à elle seule par son étendue un recueil spécial, reste ouvert à toutes les améliorations et que nos lecteurs peuvent compter que nous ne négligerons rien pour le rendre de plus en plus digne de leurs suffrages.

La revue des *Lois Nouvelles* forme donc un ensemble indispensable à tous ceux que préoccupe l'application des lois nouvelles et évite l'acquisition des monographies qui paraissent lors de la promulgation de chaque loi.

Abonnement annuel : PARIS ET DÉPARTEMENTS, **15** fr.

ÉTRANGER, **18** fr.

www.ingramcontent.com/pod-product-compliance
Lightning Source LLC
LaVergne TN
LVHW020456060726
842525LV00005B/1742